OuvirCantar

FUNDAÇÃO EDITORA DA UNESP

Presidente do Conselho Curador
Mário Sérgio Vasconcelos

Diretor-Presidente
Jézio Hernani Bomfim Gutierre

Superintendente Administrativo e Financeiro
William de Souza Agostinho

Conselho Editorial Acadêmico
Danilo Rothberg
Luis Fernando Ayerbe
Marcelo Takeshi Yamashita
Maria Cristina Pereira Lima
Milton Terumitsu Sogabe
Newton La Scala Júnior
Pedro Angelo Pagni
Renata Junqueira de Souza
Sandra Aparecida Ferreira
Valéria dos Santos Guimarães

Editores-Adjuntos
Anderson Nobara
Leandro Rodrigues

OuvirCantar

**75 exercícios
para ouvir e criar música**

R. Murray Schafer

Tradução
Marisa Trench Fonterrada

editora
unesp

© 2005 R. Murray Schafer
Primeira edição publicada pela Arcana Editions,
Indiana River, Ontario, K0L 2B0, Canadá.

© 2018 Editora Unesp
Título original:
HearSing: 75 Exercises in Listening and Creating Music

Direitos de publicação reservados à:
Fundação Editora da Unesp (FEU)
Praça da Sé, 108
01001-900 – São Paulo – SP
Tel.: (0xx11) 3242-7171
Fax: (0xx11) 3242-7172
www.editoraunesp.com.br
www.livrariaunesp.com.br
atendimento.editora@unesp.br

Dados Internacionais de Catalogação na Publicação (CIP) de acordo com ISBD
Elaborado por Vagner Rodolfo da Silva - CRB-8/9410

S296
Schafer, R. Murray
　　OuvirCantar: 75 exercícios para ouvir e criar música / R. Murray Schafer; traduzido por Marisa Trench Fonterrada. – São Paulo: Editora Unesp, 2018.

　　Tradução de: *HearSing: 75 Exercises in Listening and Creating Music*
　　Inclui bibliografia.
　　ISBN: 978-85-393-0767-8

　　1. Música.　2. Musicalização.　3. Schafer, R. Murray.　4. Fonterrada, Marisa Trench.　5. Musicalização infantil.　I. Fonterrada, Marisa Trench.　II. Título.

2018-1522 　　　　　　　　　　　　　　　　　　　　　　　　　　CDD 780
　　　　　　　　　　　　　　　　　　　　　　　　　　　　　　　　CDU 78

Editora afiliada:

Sumário

Introdução 7

Jogos 13

Jogos ao ar livre 25

Desenhando sons 32

Linguagem 41

Escuta 58

Tempo e ritmo 68

Contraponto 75

Improvisação 86

Composição 92

Canções 98

Quietude e silêncio 100

Observações finais 106

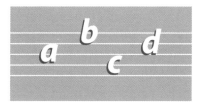

Introdução

Este livrinho de exercícios é, de muitas maneiras, um parceiro do livro *Educação sonora: 100 exercícios de escuta e produção de sons* (2010). Os dois livros têm muito em comum, mas este é dirigido principalmente ao estudante de música. Alguns exercícios de *Educação sonora* foram trazidos para cá, mas a maior parte do material é nova – ou, antes, velha, desde que venho oferecendo *workshops* de educação musical criativa pelo Canadá e em muitos outros países por 35 anos. Por isso, sei que os exercícios funcionam com gente de todas as idades e em muitas culturas, embora alguns deles devam ser simplificados quando se tratar de crianças.

Criatividade é o tema principal. Muitos dos exercícios são heurísticos, o que significa que todas as soluções são corretas, embora algumas possam ser mais inspiradas do que outras. A escuta acurada, que eu chamo de "limpeza de ouvidos", é, também, um tema. Muitas pessoas, inclusive músicos, não ouvem com suficiente cuidado. Hoje, o mundo está cheio de sons, que são mais fortes do que jamais foram na história. Nossos ouvidos estão ficando paralisados. Tentamos abafar os sons. Mas não temos pálpebras auditivas. Estamos condenados a ouvir. Se todos os professores do mundo adotassem a abordagem descrita em *Educação sonora* e neste livro, os problemas da poluição sonora no mundo desapareceriam. Isso é para ver quão poderosos são estes exercícios.

Entretanto, eles são muito simples. Não precisamos de uma orquestra ou de uma sala cheia com as últimas invenções eletroacústicas para executá-los. Até mesmo um ou dois exercícios por dia seriam efetivos dentro do currículo de um programa mais concentrado na formação do músico.

Muitos dos exercícios são executados com os olhos vendados ou fechados. De fato, a mim parece estranho que sempre ensinemos musicalidade com os olhos abertos. Em *Emílio*, seu tratado de educação, Jean-Jacques Rousseau, que também era músico, defende o trabalho com os sentidos da escuta e do tato, por meio de exercícios no escuro: "Eu faria muitos dos jogos no escuro! [...] Se você estiver dentro de um edifício à noite, bata palmas e saberá, pelo som, se o espaço é grande ou pequeno, se você está no centro ou num canto".[1] Os músicos deveriam saber de reverberação

---

1 Rousseau, Jean-Jacques. *Emile*. Trad. Barbara Foxley. Everyman, J. M. Dent, London, 1993, p.116. [Ed. bras. *Emílio ou Da educação*. Trad. Sérgio Milliet. São Paulo/Rio de Janeiro: Difel, 1979].

e absorção; assim, eu incluí o exercício na presente coleção.

Também tenho ministrado aulas em total escuridão. Sem visão, o ritmo e a velocidade da fala e das atividades mudam completamente. Certa vez, assisti a uma aula, em Shiraz, no Irã, em que o *santur*[2] estava sendo ensinado por um músico cego. Ele tocava uma frase e acenava para um dos alunos, que deveria repeti-la; então, ele tocava outra frase e acenava para outro estudante. Uma hora inteira passou assim, sem que uma única palavra fosse dita.

Algumas vezes, professores de música participam das minhas aulas. Então tenho de ser cuidadoso. No princípio, eles simplesmente costumavam desconsiderar o que eu fazia, por acharem ridículo. Mas, agora que meus cabelos são tão grisalhos quanto os deles, ficam contentes em apontar que o que estamos fazendo já foi explicado no Capítulo 1 do volume 1 de seu *Fundamentos da educação musical*, uma cópia do qual, em geral, eles me dão.

Mas há uma disparidade fundamental entre a minha abordagem e a deles. Os professores sempre explicam primeiro e executam depois. Algumas vezes, nem mesmo chegam tão longe. Eu sempre quero que a experiência venha em primeiro lugar, e a decisão a respeito de sua utilidade, depois. Digo a todo momento a meus alunos: "Não discuta a proposta; execute-a. Depois conversaremos a respeito dela".

---

2 Instrumento de cordas semelhante ao saltério e típico da música persa. (N. T.)

Rousseau comenta, de novo, em *Emílio*: "Não gosto de explanações verbais. Os jovens não prestam muita atenção nelas, nem mesmo se lembram delas. Coisas! Coisas! Colocamos muita pressão sobre as palavras; nós, professores, balbuciamos".[3]

Mosaico

Meu método de educação musical é não linear. Os exercícios que se seguem não vão como em A B C D E F G... Todavia, acredito que eles constituem um alfabeto completo. A técnica é a de mosaico – uma pedra aqui, uma pedra lá, em um modelo em constante expansão. Alguns exercícios são ligados a habilidades técnicas, outros, à exploração criativa de sons, e outros, ainda, são dedicados à escuta clariaudiente. O que falta são referências específicas a uma determinada cultura musical, seja ela europeia, afro-americana ou qualquer outra. Muito frequentemente, a educação musical fica centrada na adoração de uma cultura específica. Deixem os estudantes trazerem preferências culturais para dentro da sala de aula; o professor deve permanecer neutro, dedicando-se a estimular a musicalidade com quaisquer materiais que tiver em mãos.

Denúncia

Esta é a denúncia que faço contra a forma pela qual a educação musical é atualmente ensinada:

---

[3] Rousseau, op. cit., p.171.

- que a música estrangeira é frequentemente mais valorizada do que a nossa;
- que a música composta por outras pessoas é mais valorizada do que qualquer coisa que pudéssemos alcançar por nós mesmos;
- que, ao tentar atender necessidades técnicas excessivamente altas, muitos estudantes ficam desencorajados ou são forçados a renunciar aos prazeres de fazer música;
- que, ao insistir em que a música é um tema caro, as oportunidades para fazer música barata são ignoradas;
- que os professores (e também pais e autoridades) falham no entendimento de que o valor da música vai além do concerto de final de ano, ou das turnês;
- que a música tem sido isolada do contato com outras áreas (ciência, as demais artes, o ambiente);
- que os professores não se pronunciam com firmeza suficiente contra a mercantilização da música pela indústria do entretenimento e o lixo que ela produz.

A sala de música não é nem o começo, nem o fim da música. A música é todo o universo sonante. Somos todos, ao mesmo tempo, ouvintes, executantes e compositores da sinfonia universal.

E quem sabe descubramos que somos alçados deste mundo para entrar na névoa do Ser Divino que tudo inspira.

R. Murray Schafer
Indian River, novembro de 2003

Jogos

1.

Bata palmas para encontrar o centro

Um de cada vez, os estudantes são vendados. Começando na porta, cada um tenta encontrar o centro da sala, batendo palmas e ouvindo (exercício de Rousseau).

2.

Localize a lata

Um jogo de crianças cegas. Faz-se uma lata rolar pelo chão. Uma pessoa vendada tenta localizar, por meio da audição, onde a lata parou e então vai pegá-la. Quanto tempo levará para encontrá-la?

3.

Ouço com a minha orelhinha

Esse é um jogo tradicional no qual uma pessoa diz: "Vejo com meus olhinhos alguma coisa que começa com...". Então, a primeira letra do nome do objeto é dita e todos tentam adivinhar o que é. Faça essa mesma brincadeira, substituindo por: "Ouço com a minha orelhinha...".

4.

Descubra o lugar

Escolhe-se um estudante para deixar a sala, enquanto os outros selecionam um lugar dentro dela. Quando o "buscador" entra, todos começam a cantar em *bocca chiusa*[4] uma mesma nota, suavemente, quando ele(a) estiver longe do lugar escolhido; mais forte quando for se aproximando, e muito forte quando o lugar for encontrado.

Repita o exercício com dois lugares diferentes, dois buscadores e a classe dividida, para cantar duas notas. Experimente com três buscadores, três lugares e três notas.

---

[4] *Bocca chiusa*: boca fechada. O termo, em italiano, é muito usado entre os músicos, por isso optou-se por grafá-lo assim. (N. T.)

5.

Carneiros, porcos, galos, vacas

A classe é dividida em quatro grupos. Cada grupo fará o som de um animal diferente: por exemplo, o primeiro grupo é de vacas; o segundo, de carneiros; o terceiro, de porcos; e o quarto, de galos. Então, todos são vendados ou mantêm os olhos fechados. Os grupos são misturados e cada pessoa faz o som de seu próprio animal, enquanto tenta localizar todos os outros animais da mesma espécie. Ao descobri-los, elas se dão as mãos. Ao final, deve haver quatro círculos.

Variação: Os quatro grupos são de diferentes nacionalidades: por exemplo, chineses, russos, árabes e africanos. Cada pessoa fala uma língua inventada, no estilo da nacionalidade escolhida. Para pessoas jovens ou grupos inexperientes, uma ou duas palavras reais podem ser incorporadas: "hashi", "vodka", "Mohammed", "Congo" etc.

Outra variação: Dê a cada grupo uma pequena frase musical. Eles tentarão encontrar as outras pessoas que cantam a mesma frase.

6.

Quantos cachorros

A classe forma uma roda com os alunos de olhos fechados e voltados para o interior do círculo. O professor já deve ter escolhido previamente quatro estudantes, que se movimentarão por fora da roda, imitando o som de diferentes cachorros. Cada estudante será quantos cachorros diferentes for possível imitar, latindo e uivando de diversos lugares fora da roda. O professor determina se o coro de cachorros é produzido por uma, duas, três ou quatro vozes. Pergunta-se às pessoas da roda não quantos cachorros elas ouviram, mas quantas vozes os estudantes produziram. Um grupo habilidoso de imitadores de cachorros deve ser capaz de enganar os ouvintes na maior parte do tempo. O jogo também funciona bem com gatos.

7.

Exercício com chaves

    Quase todas as pessoas têm chaves. Mas você já ouviu o som de suas próprias chaves? Os sons mais próximos são, frequentemente, os mais misteriosos. Seis ou oito pessoas com molhos de chaves são colocadas em fila; o professor pega os molhos de chaves e os sacode, um de cada vez, atrás de suas costas. Se alguém achar que identificou suas próprias chaves, ergue a mão. O molho de chaves será colocado no chão, atrás da primeira pessoa que erguer a mão. Quando todas as chaves já tiverem sido sacudidas, os participantes podem se virar. Quem reconheceu o som de suas próprias chaves?

8.

Jogo do nome

Meu nome é "Murray"; eu o repito, pronunciando-o em centenas de modos diferentes – alongando-o, cantando, tremelicando a voz, gaguejando...

Frequentemente, me apresento a uma classe desse modo, e peço aos estudantes para imitarem cada repetição diferente do meu nome.

Depois, alguém mais faz o mesmo. Então, outra pessoa, e outra. Eu poderia dividir a classe em grupos, em que cada um deles seguisse um líder, que pode ser substituído à vontade. O contraponto de todos os nomes e movimentos é de fato encantador. Não é raro querermos mover os braços ou o corpo enquanto inventamos novas maneiras de fazer soar nossos nomes. E por que não? Balance seu nome, bata os pés com seu nome, bata palmas com seu nome, salte com seu nome.

As crianças amam este exercício. Nenhuma palavra de explicação foi dita. Mas quanto foi experimentado em termos de expressão, movimento, invenção e prazer espontâneo!

9.

Sons em um círculo

Passar sons ao redor de um círculo é divertido. Há muitas maneiras de fazer isso.

Um som
Comece passando um som. Busque sempre a precisão. Às vezes, os sons mais simples são os mais difíceis; por exemplo, uma única palma. Tente bater suas mãos exatamente como a pessoa anterior fez e produzir o mesmo som. Note o quanto as palmas variam devido aos diferentes tamanhos de mão das pessoas e à energia empregada.

Muitos sons
Algumas pessoas fazem sons interessantes (palavras, vocábulos, sons corporais), que são passados pelo círculo, simultaneamente. Comece com dois ou três e, então, acrescente mais alguns. Tente não perder nenhum som. Isso vai requerer muita concentração e uma regra: *Nunca faça um som antes que a pessoa para quem você está passando esteja pronta para recebê-lo.* Quantos sons você consegue manter em circulação de uma só vez, sem perdê-los?

10.

Passando nomes

Nomes podem ser passados de maneira semelhante. Caminhe pela roda, repetindo os números um e dois como referência (para este exercício, o número de participantes deverá ser par). Agora, toda pessoa que for número um diz seu nome (ou sobrenome) para a pessoa à sua direita e, então, volta-se para receber um novo nome da pessoa à esquerda. Pare quando receber o próprio nome de volta. Mas será que você o recebeu? No princípio, certamente muitos nomes serão perdidos, por falta de concentração. Tente novamente. Então, deixe o grupo de número dois tentar. Lembre-se:

Nunca fale um nome antes que a pessoa ao lado tenha se virado para recebê-lo.

Agora, tente cantar seu nome e passe-o da mesma maneira.

11.

Cantar canções

Frases musicais curtas também podem ser passadas ao longo da roda. Talvez o professor deva iniciar todas elas, para que fiquem na mesma tonalidade.

Exemplo:

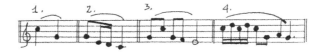

Quantas pequenas canções vocês podem manter circulando, sem perdê-las?

Jogos ao ar livre

12.

Por quanto tempo?

De uma linha de partida, cada um inspira profundamente e canta uma nota em *bocca chiusa* (qualquer nota que quiser), andando tão rápido quanto possível em "passos de bebê" (do calcanhar aos dedos do pé), em uma única respiração. Parem quando tiverem de inspirar de novo. Quem consegue ir mais longe? Faça mais um turno com os finalistas enquanto os outros observam, para evitar trapaça. Dos dedos ao calcanhar? Uma única respiração?

13.

Traga de volta

Dê a alguns alunos diferentes notas para cantar e peça-lhes que corram em volta da escola o mais rápido possível, cantando continuamente a nota, de modo a trazê-la de volta sem alterar a sua altura. Será que isso é possível? Se não for, você acha que ela sobe ou desce?

14.

De olhos vendados

Em um grande espaço plano (um pátio de escola ou parque), um grupo de estudantes, de olhos vendados, segue o som de um apito tocado periodicamente pelo professor ou pelo líder, a partir de diferentes lugares.

15.

Pregões de rua

Antigamente, as lojas eram mercados ambulantes nas ruas das vilas e cidades. Cada mercador tinha um pregão especial para identificar suas mercadorias: peixe, vegetais, frutas, carvão... Cada pregão era único e tinha seu próprio *leitmotif*,[5] de modo que podia ser identificado a várias quadras de distância.

Escolha alguma coisa que deseje vender e crie um pregão de rua para ela. Ande em volta de um grande espaço ao ar livre, interagindo com outras pessoas. Em certa ocasião, no Brasil, decidimos vender música, e cada pessoa criou um único pregão com a palavra "música". Os espectadores ficaram intrigados. Alguns até nos ofereceram dinheiro!

---

5 *Leitmotif*: termo cunhado por H. von Wolzogen, amigo de Richard Wagner, para denotar o método de composição das últimas óperas do compositor, isto é, a representação de personagens, situações típicas e ideias recorrentes a partir de motivos musicais – seu uso aqui se refere à sonoridade única de cada pregão. (N. T.)

16.

Futebol

Escolhem-se dois times, cada um com cinco a sete jogadores de cada lado. O professor, com um apito, será o árbitro. Ele joga uma moeda para decidir que time tem primeiro a posse de bola.

A bola é um som. Este pode ser uma pequena frase cantada ou um ritmo curto.

O capitão do time que tem a posse da bola canta ou bate a frase e a passa para qualquer membro do seu time, que a repassa, tal como a recebeu, a outro membro do time, que por sua vez a passa adiante até que todos os membros a tenham repetido.

Enquanto isso, o time adversário pode fazer quanto barulho quiser, para confundir os jogadores que estão com a bola. Se eles forem bem-sucedidos, ou se alguém cometer um erro ao repetir a frase ou o ritmo, o árbitro passa a bola para o time adversário. Eles começam o processo com uma nova frase ou ritmo, da mesma maneira.

Sempre que um time conseguir passar a bola para todos os membros do time, ocorre um chute ao gol. O jogador com a bola "chuta" um tema ou ritmo a qualquer jogador do time adversário escolhido como "goleiro". O tema precisa ser reproduzido com precisão, para que haja uma defesa. Se a defesa for bem-sucedida, o time do goleiro fica com a posse de bola e o jogo continua; se o goleiro não conseguir repetir o tema exatamente como o recebeu, a pessoa que chutou deve executar o tema, para validar o gol. Essa verificação serve para evitar sons que seriam muito complicados de repetir.

Joguei com êxito esse jogo com grupos de pessoas em diversos países. As regras podem ser explicadas em dois minutos. O jogo se dará em grande velocidade, e o árbitro deve permanecer de olhos bem abertos – ou melhor, de ouvidos bem abertos.

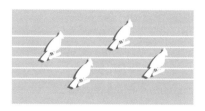

Desenhando sons

17.

Espelhos

Pegue algumas folhas grandes de papel. Dobre-as ao meio e, então, abra-as novamente e as coloque no chão. Duas pessoas, segurando giz de cera, ficam de frente uma para a outra, em lados opostos da folha de papel. Uma delas começa a desenhar lentamente em um dos lados do papel. A outra pessoa faz uma cópia em espelho do desenho.

Agora, cante as linhas enquanto o desenho está sendo feito, tentando fazer corresponderem exatamente as formas e os sons.

Esse exercício funciona melhor quando executado lentamente.

18.

Desenhando sons

Uma série de sons contrastantes é executada, usando-se vários objetos que estejam à mão na sala: uma régua, uma vassoura, um balde – quaisquer sons bem comuns. A classe desenha os sons, do momento em que cada som começa até quando acaba. Os desenhos são apenas simples esboços, mas, se os sons forem bem distintos, cada desenho também terá uma característica diferente. Um som poderia ser uma chibatada leve; outro, um raspado forte; outro, batidas constantes; e outro, o barulho de algo que cai etc.

Deixe os estudantes compararem seus desenhos. É possível perceber similaridades?

19.

Pinturas e desenhos sonoros

As diferentes formas e texturas do último exercício poderiam ser transpostas, mais uma vez, em sons. Tente produzir com a voz sons que correspondam aos esboços do projeto anterior. Desenhe algumas formas diferentes e tente vocalizá-las. Muitas obras de arte, particularmente as de arte abstrata, poderiam ser usadas como partituras para improvisações musicais. Por exemplo, as pinturas de Kandinsky intituladas *Inverno, Formas caprichosas, Círculo amarelo* etc.

20.

A máquina chilreante

Examine *A máquina chilreante*, de Paul Klee.[6] Uma manivela em um dos lados do desenho está conectada, por meio de fios e molas, à cabeça de alguns pássaros esquisitos. Tente imaginar o som feito por esses pássaros. Você consegue produzir esses sons com instrumentos, vozes ou objetos sonoros?

---
6 No original, *Die Zwitscher-Maschine*, de Paul Klee (1922). (N. T.)

21.

Sons e cores

Os sons têm cores? É uma questão interessante. Para algumas pessoas, eles têm. Mas será que há concordância acerca de a quais cores eles correspondem? Você pode tentar descobrir por si mesmo. Toque algumas notas agudas no piano – quaisquer notas – e pergunte à classe de que cor elas são. Azuis? Amarelas? Brancas? Talvez pretas, ou marrons? Jamais!

Agora, toque algumas notas bem graves. São de que cor? Amarelas? Cor-de-rosa? Cor-de-laranja? Provavelmente, não. É mais provável que sejam de cor preta, marrom ou violeta. Um trompete é vermelho ou cinza? Duvido que alguém pense que seja cinza. E uma flauta? Verde ou marrom? Provavelmente não é marrom. E isso ocorre com a maior parte dos sons. Nunca haverá concordância a respeito de que cor eles são, mas haverá acerca de que cor eles não são.

É importante lembrar que as cores podem estimular diferentes tipos de sons quando se escrevem partituras gráficas para performance.

22.

Levando uma nota para passear

Paul Klee, certa vez, escreveu: "Desenhar é como levar uma linha para passear". Vamos tentar fazer isso. Descreverei um passeio, e a classe o desenhará em grandes folhas de papel.

> Começo em casa. (um ponto)
> Ando por uma estrada reta.
> Logo, viro à direita.
> Depois, viro à esquerda.
> Agora, a estrada se torna muito esburacada e tenho que me deslocar de um lado para o outro para desviar de algumas pedras grandes.
> Meu amigo está sentado em uma das pedras, esperando por mim.
> Subimos a colina juntos. (linhas paralelas).
> É muito íngreme e logo ficamos sem ar.
> Sentamo-nos no topo da colina para conversar.
> Mas depois discutimos e meu amigo vai embora. (linhas bifurcadas)
> Desço a colina sozinho.
> Lá embaixo, chego a um rio.
> Cruzo o rio por uma ponte arqueada.
> Começa a chover. Mais forte. Relâmpagos e trovões.
> Corro para casa. Mas, logo, a chuva para.
> Agora, é noite e, no alto, há milhões de estrelas.
> Estou muito cansado e vou para a cama. (o movimento cessa)

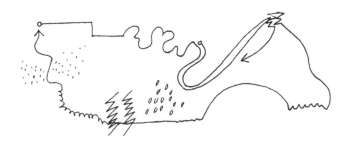

Faça os alunos compararem os desenhos que fizeram. Haverá diferenças, mas também muitas similaridades. Agora, enquanto a história do nosso passeio é lida novamente, ou representada, faça a classe ilustrá-la com sons correspondentes a cada um dos eventos. A princípio, faremos isso juntos, depois, alguns alunos podem tentar performances solo, enquanto acompanhamos nossos desenhos, como referência.

Vamos discutir o que aconteceu. Uma história foi contada e uma linha desenhada a ilustrou. Então, o desenho foi usado como partitura musical, para uma composição sonora. Por alguns minutos, unimos três formas de arte.

23.

Cânone de vários meios

    A classe forma uma fila. A primeira pessoa faz um gesto com seu corpo, braços ou pés. A segunda pessoa "canta" o som sugerido pelo movimento. A terceira pessoa desenha uma forma sugerida pelo canto. A quarta pessoa imita a forma com o corpo, e a sequência recomeça e é passada em fila por toda a classe. Logo que a primeira sequência é passada, a primeira pessoa da fila começa uma segunda sequência, com um novo gesto, e o "cânone" continua.

    Como no exercício anterior, estamos tocando várias formas de arte de uma só vez. Mas, talvez, o aspecto mais valioso desse exercício seja que ele nos obriga a traduzir, espontaneamente, de um meio para outro, sem que a mente questione se nossas ações são corretas ou não.

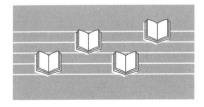

Linguagem

24.

Invente a sua

Começo a falar numa língua maluca inventada. A princípio, a classe fica perplexa. Eu me volto para uma pessoa, depois para outra, para começar uma conversa, talvez gesticulando enquanto falo. Peço que as outras fiquem de pé e falem umas com as outras em línguas malucas inventadas. Logo, toda a classe está de pé conversando e gesticulando com veemência.

Uma vez, em Montevidéu, eu estava conversando e gesticulando com uma moça que pensou que eu estivesse tentando levá-la a fazer algo. Então ela se abaixou e amarrou os cordões dos meus sapatos nos dos dela. Protestei energicamente, mas a classe, pensando que isso fosse uma ordem, começou a amarrar os cordões de seus sapatos uns nos dos outros. Logo, cem pessoas estavam de pé em uma fila, atados pelos pés. O que eu podia fazer? "Vão, andem!", gritei,[7] e toda a classe, com dificuldade, caminhou em direção à porta e se dirigiu para um shopping center vizinho. Andamos por todo o shopping center, rindo e falando aquela língua incoerente, até que chegamos a uma escada rolante e, por razões de segurança, tivemos que parar.

Qual é a finalidade deste exercício? Soltar a língua e descobrir algum potencial vocal inexplorado (Amarrar os cordões dos calçados nos dos outros não é obrigatório).

---

[7] No original, "Vam sebam". Presume-se ser a grafia adotada por Schafer para "Ván, se ván". (N. T.)

25.

Quantas vozes você tem?

Em seguida, peço a solistas ou pequenos grupos para representar as seguintes personagens, ainda falando em línguas inventadas.

1. Um general de exército dirigindo-se a sua tropa.
2. Um locutor na Copa do Mundo. (O time da casa está ganhando. O time da casa está perdendo.)
3. Uma famosa cantora de ópera sendo entrevistada por uma apresentadora de TV.
4. Um grupo de crianças de três anos brincando.
5. Agora, um grupo de crianças de seis anos. Qual é a diferença?
6. Agora, um grupo de garotas adolescentes.
7. Dois homens muito velhos conversando em um banco no parque.
8. Um piloto de uma companhia aérea garantindo aos passageiros que terão um voo seguro e confortável.
9. Dois ladrões planejando um assalto a banco.
10. Um dragão.

26.

Príncipe e princesa

Faça vários homens (meninos) falarem as palavras: "Sou o príncipe encantado. Quer casar comigo?". A classe ouve de olhos fechados. Depois, discute com que voz prefeririam se casar. Por quê?

Faça as mulheres (meninas) dizerem: "Meu nome é Branca de Neve. Quer casar comigo?". Mesmo procedimento. A propósito, qual é a idade da Branca de Neve na história: doze, quinze, mais?

27.

Contos de fadas

Ainda falando em línguas inventadas, contem-nos um conto de fadas bem conhecido, por exemplo, *Os três porquinhos*. Poderíamos contar toda a história em língua de porco e de lobo; porém, às vezes, peço para o grupo apenas que se concentre na construção das casas de palha, madeira e tijolos. Como vocês fabricariam esses sons com vozes? Há outros materiais na sala que podem ajudar a deixar os sons mais convincentes?

Outros contos de fadas que dão certo:

1. *Cinderela*
2. *Chapeuzinho Vermelho*
3. *Rapunzel*
4. *Os músicos de Bremen*

Dividam-se em grupos e trabalhem nisso durante meia hora. Deixe a classe, de olhos fechados, tentar descobrir qual conto de fadas está sendo contado.

28.

Branca de Neve e os sete anões

Branca de Neve é um conto com muitas caracterizações vocais diferentes e efeitos sonoros especiais.

Os principais acontecimentos da história são os seguintes:

1. A Rainha espeta o dedo; o sangue cai na neve; ela fica grávida.
2. Branca de Neve nasce; a Rainha morre.
3. O Rei casa-se novamente.
4. Cena da Madrasta com o espelho.
5. A Madrasta chama o Caçador para levar Branca de Neve para longe e matá-la.
6. Cena da floresta: Branca de Neve implora por misericórdia e é salva. O Caçador retorna ao castelo para dizer que sua missão foi cumprida.
7. Branca de Neve é adotada pelos sete anões.
8. Os anões, cada um com um traço vocal característico, são:
    a. Mestre
    b. Feliz
    c. Atchim
    d. Dengoso
    e. Soneca

f. Dunga

g. Zangado

(Na verdade, os anões não têm nome no conto de fadas original, dos irmãos Grimm. Eles foram acrescentados por Walt Disney muito mais tarde, no filme. Mas, ao dar características vocais aos anões, cada um deles emerge como um personagem individual.)

9. A Madrasta consulta o espelho novamente e descobre que Branca de Neve ainda está viva.
10. A Madrasta (disfarçada de velha) vai atrás de Branca de Neve com uma maçã envenenada.
11. Branca de Neve come a maçã e morre.
12. Os anões lamentam a morte de Branca de Neve.
13. O Príncipe chega e ressuscita Branca de Neve.
14. O Príncipe e Branca de Neve se casam (um casamento real).

Agora, tentem contar essa história com línguas inventadas. Cada voz precisa de uma caracterização especial. A voz da Branca de Neve é, obviamente, muito diferente da voz da perversa madrasta. Os anões não precisam falar, apenas fazer sons característicos.

Além disso, há os vários cenários que devem ser retratados: o castelo, a floresta, a mina onde os anões trabalham; e cada paisagem sonora precisará ser claramente sugerida.

Alguns grupos que contaram essa história utilizaram todos os espaços da sala para fazer o castelo, a floresta, a caverna dos anões etc. Algumas vezes, levamos muitas horas para acertar todas as coisas.

Sempre pensei que uma sequência de contos de fadas contados em línguas inventadas, com efeitos sonoros, poderia se tornar uma maravilhosa série de programas de rádio para crianças.

29.

A raposa e o corvo

Nos contos de fadas, os animais e pássaros, frequentemente, falam. Mas será que eles falariam como seres humanos, ou teriam seus próprios ritmos e pronúncias? Você conhece a fábula da raposa e o corvo, de Esopo? A raposa vê, em uma árvore, um corvo com um grande pedaço de queijo e resolve roubá-lo. Assim, ela lisonjeia o corvo, dizendo-lhe como ele é bonito, quão brilhantes são suas penas, como é bela sua figura e encantadores seus olhos. "Você deve ter uma voz que supera a de todos os outros pássaros. Deixe-me ouvi-lo cantar uma pequena canção." O corvo, sucumbindo à lisonja, abre a boca para crocitar e derruba o queijo.

Em língua de raposa, deixe a voz lisonjear, adular e bajular o corvo. Ele deixará o queijo cair? Somente se vocês o convencerem.

30.

Palavras imitativas

Faça as pessoas, na sala, inventarem palavras onomatopaicas em sua própria língua individual, para:

elefante

borboleta

canguru

mosquito

espirro

flocos de neve

Ou escolha outras coisas e crie palavras onomatopaicas para elas. Geralmente, palavras reais têm uma qualidade onomatopaica. Você consegue se lembrar de alguma?

31.

Belas palavras

Todos os idiomas têm muitas palavras bonitas. Sua beleza sonora pode ser completamente independente do seu significado. Faça uma lista de dez palavras que têm os sons mais bonitos em português (ou em qualquer outro idioma). Aqui está uma lista feita por estudantes canadenses do ensino médio:

Luscious, moon, ocean, lilac, splash, whisper, bumbleblee, cigarette, tickle, zipper.[8]

Explore todas as nuanças das palavras de sua lista. Separe-as e descubra sua vitalidade rítmica. Componha ou improvise uma pequena peça para um grupo de vozes, usando apenas os sons de suas dez palavras.

Certa vez, trabalhei com um grupo de estudantes da Costa Rica que trocou listas de palavras com um grupo do Canadá. Os canadenses improvisaram com palavras em espanhol e os costa-riquenses, com palavras em inglês, sem saber o significado da maior parte delas. Os resultados em geral foram muito engraçados.

---

[8] Pelo fato de o autor estar tratando de sonoridades da língua, optou-se por manter os termos em inglês. A tradução desses termos é, respectivamente: gostoso, lua, oceano, lilás, pancada na água, sussurro, mamangava, cigarro, cócegas, zíper. (N. T.)

32.

Música aquática

Os vários estados da água têm diferentes qualidades sonoras. Faça as pessoas da classe inventarem palavras para: gotas de chuva, riacho, cachoeira, lago, rio, ondas do mar.

Essa é a sequência que usei como base para uma pequena peça coral, *Miniwanka*. Entretanto, sem fazer algo dessa complexidade, podemos nos divertir muito com palavras para água, se elas forem incomuns e realmente sugerirem os vários sons da água. Façam uma roda e peçam a alguém que fique no centro e aponte para cada pessoa; à medida que são apontadas, cada pessoa pronuncia (ou canta) sua palavra para "gotas de chuva". Está chovendo forte ou é uma chuva fraca? O tempo e a dinâmica de cada movimento do braço nos dirão. Depois, faça o mesmo com "riacho", "cachoeira" etc.

Uma vez, no Brasil, pedi para os alunos de uma turma numerosa fazerem isso e, então, me ocorreu que poderíamos intensificar a experiência acrescentando o sentido do tato. Nós nos dispusemos em duas filas. Seis ou oito estudantes eram "gotas de chuva", outros seis ou oito eram "riacho" e assim por diante, até tempestuosas ondas do mar, executadas por homens muito fortes. Fiz um aluno de cada vez passar por entre as filas, com os olhos fechados, ouvindo e sentindo as leves batidas de dedos da chuva, as cócegas do riacho, as chibatadas da cachoeira, percorrendo todo o caminho, até serem erguidos no ar por uma tempestade no mar.

    Isso foi há muitos anos. Mas, outro dia mesmo, recebi uma carta de uma educadora musical brasileira, que escreveu: "Aquela semana mudou minha vida, especialmente a escuta e a maravilhosa atividade do túnel com sons de água e toques".

33.

Trabalho com a boca

Eis aqui uma lista de palavras que devem gerar um pouco de ginástica vocal. Leiam, explorando todos os sons que as palavras sugerem. Muitas vozes poderiam "executar" a lista como um cânone.[9] Haveria outros modos de improvisar ou compor com essas palavras-sons?[10]

1. hiss (sibilo)
2. splutter (som irritante)
3. buzz (zumbido)
4. hum (murmúrio)
5. drone (zumbido)
6. thunder (trovão)
7. blare (clangor)
8. squeak (guincho)
9. shriek (som estridente)
10. screech (som esganiçado)
11. squawk (grasnido)
12. snarl (rosnado)
13. whine (queixume)
14. wail (lamento)
15. roar (rugido)
16. growl (rosnado)
17. groan (gemido)
18. moan (gemido)

---

9 Diz-se cânone, em música, quando várias pessoas ou grupos cantam a mesma melodia, porém em entradas sucessivas. (N. T.)

10 Optou-se por manter as palavras em inglês, colocando sua tradução entre parênteses, por se entender que o importante aqui é a sonoridade das palavras, mais do que seu significado. O leitor poderá criar seus próprios exemplos a partir da sonoridade de palavras em português. (N. T.)

OuvirCantar

19. sob (soluço)
20. sigh (suspiro)
21. snort (bufo)
22. shout (grito)
23. sing (canto)
24. sniffle (fungadela)
25. wheeze (chiado)
26. whisper (cochicho)
27. mutter (murmúrio)
28. murmur (murmúrio)
29. mumble (resmungo)
30. stutter (gagueira)
31. bark (latido)
32. bleat (balido)
33. whinny (relincho)
34. giggle (risadinha)
35. laugh (riso)
36. warble (gorgeio)
37. chirp (chilro)
38. gurgle (gorgolejo)
39. grumble (murmúrio)
40. hiccup (soluço)
41. puff (sopro)
42. cackle (cacarejo)
43. yelp (ganido)
44. bellow (urro)
45. purr (ronronar)
46. meow (miado)
47. quack (grasnido)
48. croak (coaxar)
49. cluck (cacarejo)
50. blast (buzinar)
51. grunt (ronco)
52. whistle (assobio)
53. twitter (chilreio)
54. babble (balbucio)
55. snore (ronco)
56. howl (uivo)
57. titter (riso abafado)
58. scream (grito)
59. squeal (guincho)
60. belch (arroto)

34.

Dada

Os dadaístas, que viveram durante o início do século XX, criaram poemas a partir de puros sons vocais, como aqueles já apresentados anteriormente. Eles também cortavam palavras, ou as deixavam se misturar, como som puro.

Eis aqui um poema do dadaísta Hugo Ball escrito em 1915.

gadji beri nimba
glandridi lauli lonni cadori
gadjama bim beri glassala
glandridi glassala tuffm i zimbrabim
blassa glassasa tuffm i zimbrambim.

O poeta limitou-se a certos fonemas nesse poema. Os estudantes podem tentar fazer o mesmo, digamos, usando somente letras da primeira ou da segunda metade do alfabeto, ou qualquer outro arranjo.

35.

Futurismo

Os futuristas, que eram contemporâneos dos dadaístas, geralmente compunham poemas gráficos. Eis um, de F. T. Marinetti, que descreve uma batalha durante a Primeira Guerra Mundial.

Poemas escritos como esse poderiam, então, ser lidos contrapontisticamente ou executados por vários vocalistas de uma vez.

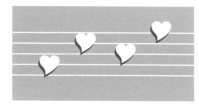

Escuta

36.

Seguindo sons que se movem

1. Caminho pela sala, falando baixo. A classe, com os olhos fechados, aponta na direção do som da minha voz enquanto me movo. Se paro de falar, eles passam a ouvir o som dos meus passos e apontam na direção deles.

2. Agora, peço um ajudante. Duas vozes (ou passos de duas pessoas) movem-se em direções diferentes, enquanto a classe acompanha o deslocamento delas, apontando na direção de uma com a mão direita e na de outra com a esquerda.

3. Mude os sons para palmas, batidas em alguma coisa, assobios etc.

4. Faça quatro estudantes descobrirem quatro sons contrastantes que eles possam fazer deslocar pela sala. Peça às meninas que sigam dois desses sons, e aos rapazes que sigam os outros dois.

5. Dessa maneira, o exercício torna-se progressivamente mais difícil. Algumas vezes, encerra com quatro pessoas caminhando pela sala, cada voz mantendo um tom diferente, por exemplo, as notas de um acorde de sétima dominante. Vozes são mais difíceis de seguir.

37.

Quais sons se moveram?

Uma versão desse exercício poderia ser pôr em fila os quatro cantores à frente da classe. Eles cantarolam em *bocca chiusa*, ou cantam suas notas ao mesmo tempo. Uma pessoa, ao receber um toque no ombro, afasta-se alguns passos do grupo e, depois, retorna. A classe, com os olhos ainda fechados, precisa identificar que som se moveu. Duas ou até mesmo três pessoas podem se movimentar ao mesmo tempo.

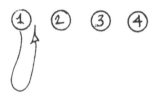

ou

ou

38.

A escala

Oito pessoas são postas em fila e cada uma recebe uma nota de uma escala para cantar. Elas fecham os olhos e se misturam entre si por toda a sala. Depois, devem colocar os sons da escala juntos novamente, em sequência; o Lá encontra o Si, o Si encontra o Lá e o Dó, e assim por diante.

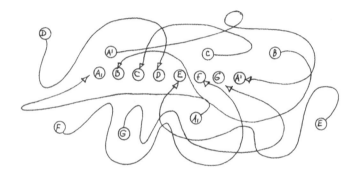

Exercícios de percepção auditiva são vitais para a musicalidade. Sempre me pareceu estranho que todos os sons, nos exercícios tradicionais, se originam em um único lugar. O professor toca uma tríade no piano e pede para os estudantes cantarem a nota do meio etc. Os exercícios anteriores lidam com sons em movimento. Por que não? Estamos rodeados por eles e eles se movem cada vez mais rapidamente.

39.

Letras e números

A classe fica de costas para o quadro negro. O professor escreve, no quadro, vários números: 1, 2, 3... ou letras: A, B, C... Peça à classe para imaginar, a partir do som feito ao escrever, quais letras ou números estão sendo escritos.

40.

Todos os sons que você ouve

Pegue uma folha de papel. Escreva nela todos os sons que ouvir. O exercício deve ser feito em dez minutos; depois, analise a lista. Quantos sons de sua lista foram feitos por você? Quantos sons foram feitos dentro da sala de aula? E quantos fora da sala? A que distância estava o som mais longínquo?

Há muitas outras maneiras de analisar as listas. Quantos sons eram humanos, tecnológicos ou da natureza? Quantos eram agradáveis? Quantos eram desagradáveis? E assim por diante...

41.

Descreva uma pessoa a partir dos sons

Algum desconhecido ou alguém que a classe não tenha visto antes espera do lado de fora da sala. Os estudantes são vendados ou fecham os olhos. A pessoa misteriosa entra, caminha pela sala e sai novamente. São feitas as seguintes perguntas à classe:

1. Qual era a altura da pessoa?
2. Quanto ela pesava?
3. Que tipo de sapatos ela estava usando?
4. Que tipo de roupa?
5. Os sons deram outras informações?
6. Era um homem, uma mulher ou uma criança?

É surpreendente quanta informação pode ser obtida; por exemplo, a altura da pessoa pode ser deduzida do tamanho dos passos, e o peso, da força das passadas. A diferença entre um vestido e calças é facilmente percebida. Meias de nylon serão audíveis, bem como alguma coisa que chacoalha no bolso. Quanto mais atenção é posta na escuta, mais se pode descobrir. O exercício pode ser repetido, e as perguntas, refeitas.

42.

Sons de batidas

Peça aos estudantes que fechem os olhos enquanto o professor se movimenta e bate em vários materiais (ou ele pode já ter reunido uma série de materiais portáteis nos quais possa bater) – madeira, vidro, plástico, metais variados etc. Os alunos tentam imaginar de que material é feito cada objeto. Você é capaz de descobrir o tamanho de cada objeto quando se bate nele? Você é capaz de dizer qual é o objeto, a partir da batida?

Variação: Peça para os estudantes, quando forem para casa, descobrirem outros objetos, de materiais menos prováveis (pedra, couro, vime etc.) e repita a experiência.

Outra variação: Coloque um objeto dentro de uma caixa ou garrafa, então a sacuda e peça à classe para imaginar o que está lá dentro.

43.

Sombras acústicas

De olhos fechados, a classe tenta imaginar o tamanho de um objeto, atrás do qual o professor se movimenta, enquanto fala em um nível uniforme de voz. O objeto poderia ser uma tela, uma cadeira grande ou até mesmo uma folha de cartolina. Esse é, naturalmente, o modo como pessoas cegas conseguem contornar objetos sólidos. Essa habilidade também pode ser aperfeiçoada, com um pouco de prática, por pessoas não cegas.

44.

Qual é a distância?

Faz-se soar dois objetos a várias distâncias um do outro: um metro, dois metros... dez metros. De olhos fechados, com que precisão você consegue determinar a distância entre eles?

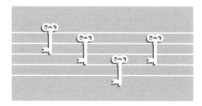

Tempo e ritmo

45.

O relógio

Vamos começar imaginando que somos todos relógios. Fique de pé e abra um espaço suficiente à sua volta para descrever um círculo grande. Seu braço é o ponteiro de segundos do relógio. Uma pessoa pode olhar num relógio para marcar o início e o final do jogo em exatamente sessenta segundos. Os demais fecham os olhos e descrevem um grande círculo com o braço, terminando exatamente no mesmo lugar em que começaram. Para músicos, seria como se o metrônomo tivesse sido ajustado em semínima ♩ = 60.

Repita o exercício. Dessa vez, faça um som curto aos 15, 30 e 45 segundos, e um som de campainha aos 60 segundos. Isso fará que vocês saibam se estão adiantados ou atrasados em relação aos outros membros do grupo.

46.

Contando os segundos

Duas pessoas, de costas uma para a outra e separadas por alguns metros, baterão palmas a cada dez segundos. Uma pessoa começa. Quando o ritmo estiver estabelecido, a outra pessoa pode juntar-se a ela. Elas batem palmas ao mesmo tempo? O exercício ficará mais fácil se o intervalo for reduzido para cinco segundos.

Certa vez assisti a um espetáculo japonês Nô em que dois músicos tocavam ritmos lentos ao tambor, cada um de um lado do palco, e olhavam diretamente para o público, nunca um para o outro. Suas batidas, que também incluíam os *accelerandi*, comuns à música cerimonial japonesa, ocorriam sempre, precisamente, ao mesmo tempo.

47.

8 6 4 2

Faça a classe formar duplas, cada pessoa de frente para o seu par, de olhos fechados, para executar os seguintes padrões de batidas e pausas, em um tempo confortável, *ad libitum*: batem palmas por 8 tempos, ficam em silêncio por 8 tempos, batem palmas por 6 tempos, ficam em silêncio por 6 tempos; palmas por 4 tempos, silêncio por 4; palmas por 2, silêncio por 2; palmas por 4, silêncio por 4; e assim por diante, até voltar ao 8. Esse é um bom exercício para aprender o significado de *tempo giusto*.

48.

Rápido e lento

Movimente-se pela sala o mais rápido possível. Depois, a um sinal, congele e movimente-se o mais lentamente possível. Sons apropriados podem ser acrescentados a essas duas formas de movimento.

49.

Passeio em câmera lenta

Caminhe em uma velocidade muito lenta e cantarole um tom para cada passo. Calcule a duração de cada passo, de modo que ocupe uma respiração completa. Tente manter o tom e os pés tão estáveis quanto possível. Continue com um tom diferente a cada passo.

50.

Corpo e voz

Faça um ritmo estável em um *wood block* ou outro instrumento de percussão, em tempo *moderato*.

Todos fazem um movimento com os pés ou com o corpo, no primeiro tempo de três, e dois sons no segundo e no terceiro tempos. ▲ ● ●

Depois, faça dois movimentos e um som. ▲ ▲ ●

Então, mude o ritmo para quatro tempos, faça um movimento no primeiro tempo e sons no segundo e no quarto tempos. ▲ ●   ●

Em seguida, faça movimentos no primeiro e no terceiro tempos e um som no quarto tempo. ▲   ▲ ●

Agora, divida a classe, que deve se movimentar de acordo com a sequência, contrapontisticamente. O efeito será surpreendente.

Som = ●   Movimento = ▲

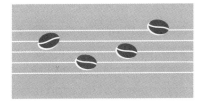

Contraponto

51.

As lutas corporais

O diretor de teatro polonês Jerzy Grotowski costumava dar a seus atores um exercício de aquecimento no qual "a mão faz movimentos circulares em uma direção, e o cotovelo, na direção oposta". Um exercício mais simples para os iniciantes poderia ser descrever um círculo com um braço, enquanto o outro conduz uma luta de espada. Tentar isso, para sentir dois ritmos muito contrastantes.

52.

Som e gesto

Escreva números de 1 a 10 em uma folha de papel. Desenhe um círculo em volta de três números de sua escolha, e um quadrado em torno de outros três. Os círculos serão sons e os quadrados serão gestos. Serão feitos qualquer tipo de som e qualquer tipo de gesto, com a(s) perna(s) ou o(s) braço(s). O professor diz os números e a classe executa. Troquem as folhas de papel e tentem novamente. Aumente o tempo gradativamente
e continuem a trocar as folhas, de tempos em tempos.

1 [2] ③ 4 [5] 6 ⑦ ⑧ [9] 10

53.

Triste alegria

1. Faça um som alegre e arrebatador com a voz.
2. Faça um gesto alegre e arrebatador com o corpo.
3. Junte-os.
4. Faça um som triste e moribundo com a voz.
5. Faça um gesto triste e moribundo com o corpo.
6. Junte-os.
7. Agora, faça um som alegre e arrebatador com a voz, enquanto o corpo faz um gesto triste e moribundo.
8. Depois, faça um som triste e moribundo com a voz, enquanto o corpo faz um gesto alegre e arrebatador.

   Difícil, hein?

54.

Saltar e balançar

Cante um tom, mantendo-o estável enquanto caminha. O impacto dos pés no chão fará que ele "salte" levemente, mas tente eliminar esse efeito.

Agora, enquanto sustenta um tom durante uma expiração longa, deite no chão, sem deixar que o tom salte ou balance.

Em seguida, tente se levantar do chão, enquanto sustenta um tom, da mesma maneira.

55.

Pista de obstáculos

Faça uma pista de obstáculos na sala, com cadeiras ou outros objetos grandes. Uma pessoa vendada tentará passar pelos obstáculos, sem tocar em nada, guiada por uma segunda pessoa, que fará sons vocais sem usar palavras. Difícil.

56.

Tarefa simples

Uma variação seria pedir a uma pessoa (sem venda) para executar uma tarefa simples, que não é explicada a ela, guiada por outra pessoa que faz apenas sons (mas não gestos). Exemplo de uma tarefa simples: caminhe e abra a janela; ou caminhe e sente-se numa cadeira.

57.

Tarefas mais complexas

Para este jogo, é necessário um repertório de sons com significados previamente combinados. Por exemplo:
1) caminhar; 2) parar; 3) virar; 4) descer; 5) subir; 6) pegar alguma coisa; 7) largar alguma coisa etc.

Vamos experimentar. Divida a classe em grupos de cinco a oito pessoas. Faça cada grupo criar um repertório de sons para dirigir alguém na execução de tarefas simples. Todos do grupo precisam conhecer os sons. Em seguida, selecione alguém para executar a tarefa, enquanto os outros fazem os sons. A pessoa que executa não deve saber qual é a tarefa; ela simplesmente seguirá as instruções.

Faço um jogo com este exercício, pedindo para cada grupo dar uma tarefa para outro grupo executar. A pessoa que executará a tarefa deve esperar fora da sala enquanto a tarefa é explicada. Exemplo de tarefas: entrar, pegar algo no chão, dar ao professor e, então, sentar-se. Ou: entrar, abrir uma janela, pegar um giz e escrever alguma coisa no quadro e, então, dançar uma valsa pela sala com o professor. Nesse caso, pode ser necessário cantar uma valsa para completar o exercício. Esse exercício é apreciado por pessoas de todas as idades, e eu o tenho realizado muitas vezes, em vários países.

58.

Trocando sons

Em uma sala grande, duas pessoas se aproximam lentamente uma da outra, cada uma cantando um tom diferente, escolhido *ad libitum*. Quando elas se cruzam, intercambiam os tons. Toda a classe poderia fazer isso, um par após o outro. É um exercício difícil, mas excelente treino de ouvido.

Oito pessoas podem praticar esse exercício juntas, criando-se um grande quadrado com duas pessoas em cada canto. A um sinal do professor, todos se movimentam, como é mostrado no gráfico. Têm-se, então, oito sons movimentando-se pela sala, e se o exercício for feito acuradamente, o acorde permanecerá constante.

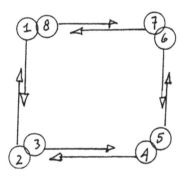

Para conferir a execução desse difícil exercício de trabalho auditivo, é possível acrescentar mais duas pessoas em cada canto. Então, as pessoas que se movimentam cantam os tons escolhidos, em primeiro lugar, para uma das pessoas que estão paradas – atuando como juízes –, as quais ouvirão a nota que retorna para elas, a fim de determinar sua precisão.

Já pratiquei este exercício com até quarenta pessoas executando simultaneamente, acrescentando um segundo quadrado, em diagonal, e uma cruz. Quando todos estão executando a sua parte acuradamente, o efeito flutuante dos densos *clusters* vocais é muito bonito.

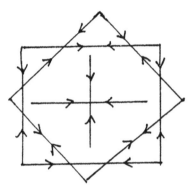

59.

Trocando sons – simplificado

O exercício anterior é para músicos e estudantes de música. Coros podem praticá-lo para ajudar a deixar os cantores conscientes do que os outros estão cantando.

Uma versão muito mais simples do mesmo exercício é fazer que os integrantes da dupla se aproximem um do outro, executando quaisquer sons que queiram. Os sons são, então, trocados da mesma maneira.

Jovens e crianças adoram fazer este exercício, que pode ficar ainda mais divertido caso se peça às pessoas para fazerem gestos junto com os sons: balançar os braços, mexer a cabeça, mancar, saltar etc. Forme duas filas em lados opostos da sala e peça às pessoas que se aproximem e se afastem de seu respectivo parceiro, cada qual na sua vez.

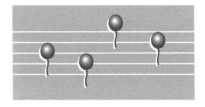

Improvisação

60.

Uma folha de papel como instrumento musical

Passe uma folha de papel pela roda. Cada pessoa deve produzir um som diferente com a folha (dobrar, bater, atirar, rasgar etc.). A princípio, é fácil, mas, à medida que o papel continua a ser passado e todos os sons óbvios já tiverem sido explorados, torna-se cada vez mais difícil.

61.

Traga um som interessante para a sala

Este é um exercício antigo. Cada pessoa traz um objeto que faça um som que ela considere interessante. O som é demonstrado para a classe, e a pessoa explica por que o acha interessante. A coleção de sons resultante pode ser utilizada para improvisações ou composições.

Algumas vezes, deixo o exercício mais específico, pedindo a algumas pessoas para encontrarem um som zumbido; a outras, um som tilintante; a outras, um som raspado; e a outras, um som batido.

62.

Improvisando com os sons

Há certa vantagem em improvisar com diversos objetos sonoros, como os do exercício anterior, em vez de com instrumentos tradicionais. Uma boa coleção de sons zumbidos, tilintantes, raspados e batidos é um recurso mais rico do que os sons produzidos na maior parte dos instrumentos tradicionais.

Eles também são mais liberadores, porque têm associações mais fortes com a paisagem sonora externa à classe. Podemos improvisar com eles de muitas maneiras, livremente ou respeitando formas musicais, como a assim chamada forma de Lied (ABA), o rondó, provavelmente também a forma sonata, embora eu nunca tenha tentado isso. Procedimentos como um cânone também poderiam ser realizados por dois ou mais estudantes.

Nunca subestime o que se pode conseguir com materiais muito simples.

63.

Imaginando uma história

Uma interessante variação do exercício anterior é alguém improvisar livremente com todos os objetos sonoros por dois ou três momentos, enquanto os outros fecham os olhos e imaginam uma história sugerida pelos sons.

Sempre me surpreendo com a variedade e singularidade das histórias que as pessoas imaginam enquanto ouvem a mesma improvisação com sons muito comuns. Experimente.

64.

Concerto de sapatos

Este é um exercício criado pela educadora musical brasileira Marisa Fonterrada. Peça aos estudantes que tragam um par de sapatos que faça sons especialmente interessantes: botas, sapatos de salto alto, sandálias etc. Por alguns momentos, experimentamos todos os sons que os pares de sapatos podem produzir.

Depois, procuramos alguns amigos que tenham sons que gostaríamos de combinar com os nossos. Pode ser apenas uma pessoa, ou muitas.

Então, dão-se a cada grupo alguns minutos para que componham um pequeno concerto com sapatos.

Depois de executá-los, todos podem ser agrupados num grande concerto de sapatos, acrescentando-se um refrão rítmico que será tocado por todos entre as contribuições dos grupos separados, assim: Grupo I – refrão – Grupo II – refrão etc.

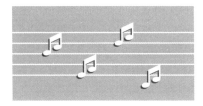

Composição

65.

Quatro sons

Divida a classe em grupos de cinco a oito pessoas. Dê a cada grupo quinze ou vinte minutos para criar uma pequena peça que apresente quatro sons, um de cada uma das seguintes categorias: natureza, tecnologia, corpo e música.

Para os sons corporais, o corpo deve ser tratado como um instrumento, batendo palmas, dando bofetadas, batendo os pés etc. Para música, qualquer coisa do repertório.

66.

Partitura gráfica

Divida a classe em grupos e distribua a cada um deles o desenho abaixo. Cada grupo tem dez minutos para preparar uma performance que utilize o desenho como partitura musical. Isso pode ser feito com vozes ou instrumentos. Embora muito simples, as formas no desenho são muito sugestivas de diferentes texturas sônicas e o número e a variedade de interpretações são ilimitados.

Peça para cada grupo executar a sua "interpretação" e, então, explicá-la.

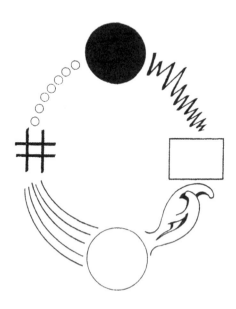

67.

Faça você mesmo

Naturalmente, o próximo passo poderia ser preparar a própria partitura e executá-la. Podem-se utilizar cores, bem como formas e texturas. As possibilidades são ilimitadas.

68.

Um tom

Como disse no início, os exercícios deste livro movem-se em zigue-zague, e não de modo linear. Então, poderia ser apropriado, depois da liberdade das improvisações anteriores, propor um exercício restritivo. Assim sendo, você tem um tom. Faça o que bem entender com ele durante cinco minutos, mas não nos deixe entediados.

Naturalmente, esse é um exercício muito difícil, e é por isso que ele está quase no final deste livro. Uma coisa é fazer malabarismos com um punhado de notas, como muitos músicos espetaculares podem demonstrar, mas fazer uma exibição igualmente convincente com apenas uma nota...? Mas pense sobre isso e prepare sua execução com tanta deliberação e cuidado quanto teria com qualquer outra peça e o resultado pode ser surpreendente.

Certa vez, o compositor japonês Toru Takemitsu me falou sobre um mestre *shakuhachi*, que toda manhã ia ao seu jardim para praticar (o *shakuhachi* é uma flauta de bambu). Todo dia ele escolhia um tom e passava a manhã inteira "aperfeiçoando-o". Os músicos do Ocidente, muito frequentemente, fazem muitas coisas de uma vez. Mas eles esquecem como se concentrar em elementos individuais. É por isso que o exercício de um único tom é tão valioso e necessário.

69.

Surpreenda-me!

"Surpreenda-me!" é o que disse, certa vez, o empresário russo Diaghilev ao poeta francês Jean Cocteau. É um exercício que se beneficiará do pensamento e da preparação. Pense sobre isso. Não é o que todos os grandes compositores e executantes fazem? Eles nos surpreendem. Poderia ser um gesto dramático ou brilhante. Também poderia ser humorístico, ou estranho. Deixe a classe levar o desafio para casa; amanhã descobriremos que momentos de tirar o fôlego nós podemos experimentar.

Canções

70.

Crie você mesmo

O escopo de canções no mundo moderno diminuiu incrivelmente. Não temos canções para nascimento e morte, há muito poucas sobre natureza (flores, árvores, vento, chuva), quase nenhuma que celebre eventos específicos da natureza (amanhecer, lua cheia, equinócios), poucas de coragem e quase nenhuma engraçada.

Algumas vezes, discuto esse empobrecimento com estudantes mais velhos e, então, dou-lhes tarefas para que criem, em grupo, canções a partir dos seguintes tópicos:

1. Uma canção para o nascimento de um bebê
2. Uma para uma avó que está morrendo
3. Uma para saudar o amanhecer
4. Uma que nos faça rir
5. Uma que faça chover (ou parar de chover)
6. Uma para nos dar força e coragem

Alguém poderia, também, escrever canções solo sobre esses tópicos. Porém, acho que trabalharem juntos, em pequenos grupos, por cerca de quinze minutos resulta em algumas soluções muito atrativas e, ocasionalmente, inspiradoras para os tópicos propostos. Naturalmente, outros temas poderiam ser acrescentados.

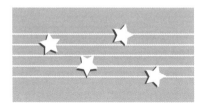

Quietude e silêncio

71.

De pé

Pede-se ao grupo para se levantar sem fazer nenhum som. Isso é muito mais difícil do que parece. Quando uma classe faz isso junto, certamente haverá som. A cada vez que um som for ouvido, o professor para o exercício e começa novamente. Com concentração, o exercício pode ser melhorado, muito embora seja provável que nunca fique perfeito. Agora, sentem-se, do mesmo modo (sem fazer barulho).

72.

Movendo cadeiras

Uma variação mais ampla do exercício precedente poderia ser pedir ao grupo para ficar de pé, em silêncio, e, então, cada um pegar sua cadeira e a levar para fora da sala, silenciosamente. Quando a classe toda faz isso ao mesmo tempo, certamente haverá alguma confusão. O segredo é a lentidão.

73.

Papel

Um exercício semelhante. Passe uma folha de papel pela classe, sem fazer nenhum som. Quanto maior for a folha, mais difícil se torna. Muitas folhas de papel podem ser passadas na roda ao mesmo tempo.

As crianças amam este exercício. É surpreendente como o nível de ruído ambiental cai enquanto eles executam a proposta.

74.

O lugar mais silencioso

Em um grande edifício, o grupo se dispersa e cada pessoa tenta encontrar o lugar mais silencioso dentro dele. Depois, visitamos cada espaço para determinar qual é o mais silencioso.

75.

Imaginando sons

Sentem-se silenciosamente e fechem os olhos. Gostaria que vocês imaginassem os seguintes sons. Eu os pronunciarei vagarosamente, com longas pausas entre eles.

Um bebê rindo...

Uma mulher chorando...

Andar sobre folhas...

Mil carpinteiros martelando...

Cataratas do Niágara[11]

Uma bolota rolando por um telhado de metal...

Um peixe saltando para fora d´água...

Um *iceberg* derretendo...

Uma girafa com soluços...

Este é um exercício estranhamente poderoso para o estudante concentrado. Os sons não existem e, ainda assim, podem ser ouvidos claramente na imaginação.

---

11   No Brasil, poderiam ser as Cataratas do Iguaçu... (N. T.)

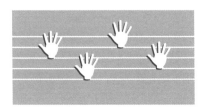

Observações finais

Ao final do curso, desejando saber se as crianças haviam aprendido alguma coisa, o diretor lhes perguntou: "Vocês podem me dizer o nome do compositor?". "Samuel Phillips", respondeu um menino. "E quem é ele?", perguntou o diretor. "Sou eu."

* * *

O órganon foi descoberto pelos desafinados. O cânone se desenvolveu por causa daqueles que demoram para aprender. Há esperança para todos.

* * *

Um índio norte-americano certa vez me disse: "Em nossa tribo, ninguém canta nota errada".

* * *

Os índios norte-americanos não gostavam da música do homem branco. Eles consideravam suas modulações enganosas. Honestidade é permanecer em uma única escala.

* * *

A música não evolui: roda.

* * *

Ela também não serve a qualquer propósito biológico explícito para a humanidade.

* * *

Quanto mais alto o animal está na escala evolutiva, mais limitado é o seu poder de recomposição. Um caranguejo consegue fazer uma nova garra crescer, mas um humano não consegue fazer crescer uma nova orelha.

* * *

Dê ouvidos, mas não em definitivo. Pegue-os de volta.

* * *

O corpo todo é um ouvido.

* * *

A música não é para ser ouvida. É ela que nos ouve. Isto é, o mundo perfeito escuta o imperfeito.

* * *

"Quando realmente ouço, é como se não estivesse lá." (Uma estudante alemã.)

* * *

Não há nenhuma razão óbvia para que o pensar deva estar ausente da educação musical.

* * *

Educação musical: defesa civil contra as repercussões da mídia.

* * *

Um jovem no Brasil disse-me, certa vez: "Em seus livros, você diz que os erros são mais importantes do que os sucessos".

"Porque você pode aprender com seus erros", respondi.

"Mas tudo que você fez esta semana foi um sucesso."

"Então falhei", redargui.

SOBRE O LIVRO

Formato: 14 x 21 cm
Mancha: 23,8 x 44,4 paicas
Tipologia: Calibri 12/15
Papel: Off-white 80 g/m² (miolo)
Cartão Supremo 250 g/m² (capa)
1ª edição Editora Unesp: 2018

EQUIPE DE REALIZAÇÃO

Edição de texto
Tulio Kawata (Preparação)
Richard Sanches (Revisão)

Editoração eletrônica
Vicente Pimenta

Capa
Negrito Editorial

Assitência editorial
Alberto Bononi

Rua Xavier Curado, 388 • Ipiranga - SP • 04210 100
Tel.: (11) 2063 7000 • Fax: (11) 2061 8709
rettec@rettec.com.br • www.rettec.com.br